BEI GRIN MACHT SICH IH
WISSEN BEZAHLT

- Wir veröffentlichen Ihre Hausarbeit,
  Bachelor- und Masterarbeit

- Ihr eigenes eBook und Buch -
  weltweit in allen wichtigen Shops

- Verdienen Sie an jedem Verkauf

Jetzt bei www.GRIN.com hochladen
und kostenlos publizieren

Bibliografische Information der Deutschen Nationalbibliothek:

Die Deutsche Bibliothek verzeichnet diese Publikation in der Deutschen National-
bibliografie; detaillierte bibliografische Daten sind im Internet über http://dnb.d-
nb.de/ abrufbar.

Impressum:

Copyright © 2017 GRIN Verlag, Open Publishing GmbH
Druck und Bindung: Books on Demand GmbH, Norderstedt Germany
ISBN: 9783668519916

Dieses Buch bei GRIN:

http://www.grin.com/de/e-book/374509/wie-veraendert-die-digitalisierung-im-
gesundheitswesen-die-beziehung-zwischen

Thomas Schneider

Wie verändert die Digitalisierung im Gesundheitswesen die Beziehung zwischen Arzt und Patient?

GRIN Verlag

GRIN - Your knowledge has value

Der GRIN Verlag publiziert seit 1998 wissenschaftliche Arbeiten von Studenten, Hochschullehrern und anderen Akademikern als eBook und gedrucktes Buch. Die Verlagswebsite www.grin.com ist die ideale Plattform zur Veröffentlichung von Hausarbeiten, Abschlussarbeiten, wissenschaftlichen Aufsätzen, Dissertationen und Fachbüchern.

Besuchen Sie uns im Internet:

http://www.grin.com/

http://www.facebook.com/grincom

http://www.twitter.com/grin_com

Universität Duisburg-Essen

Campus Duisburg

Fakultät für Betriebswirtschaftslehre

Seminar Wirtschaftsinformatik

Sommersemester 2017

Digitale Patienten:

Wie verändert die Digitalisierung im Gesundheitswesen die Beziehung

zwischen Arzt und Patient?

Thomas Schneider

4. Fachsemester

Vorlagedatum: 02.07.2017

Inhaltsverzeichnis

I

Abkürzungsverzeichnis

EMR   Electronic Medical Record

MDSS   Medical Decision Support Systeme

o. S.   ohne Seitenangabe

1 Einleitung

Das Gesundheitswesen befindet sich durch die fortschreitende Digitalisierung in einem Prozess der Veränderung. Dabei bringt diese Veränderung mehr mit sich als den bloßen Einsatz von Technologien. Vielmehr verändern sich auch die Strukturen der Gesundheitsversorgung sowie die Art und Weise der Interaktion zwischen den beteiligten Akteuren. Die Digitalisierung und der damit verbundene Einsatz von neuen Technologien stellt dabei keinen Selbstzweck dar, sondern es existiert eine Vielzahl an Gründen und Treiber, auf die in Abschnitt 2.1 dieser Arbeit näher eingegangen wird.[1]

Traditionell ist das Rollenverständnis von medizinischem Fachpersonal und Patienten durch eine klare Trennung von Laie und Experte definiert.[2] Im Rahmen der Digitalisierung im Gesundheitswesen, die in den Abschnitten 2.2 sowie 2.3 für die beteiligten Akteure beschrieben wird, kommt es zu einer Neudefinition der klassischen Rollen, die auch die Beziehung zwischen Patient und Fachpersonal verändert.[3] Im Rahmen von Studien sowie Fachliteratur und auch von Seiten der Ärzte selbst werden teilweise Bedenken geäußert, dass die mit der Digitalisierung einhergehenden Veränderungen zu einer Störung dieser Beziehung führen könnten.[4]

Der Fokus dieser Arbeit liegt daher auf der Frage, wie die Digitalisierung die Rollen von sowohl Arzt, im weitgefassten Sinne als medizinischem Leistungserbringer, als auch Patient und damit letztlich die Beziehung zwischen beiden Seiten verändert. Aufbauend auf den mit der Digitalisierung im Gesundheitswesen einhergehenden Veränderungen widmet sich Kapitel 3 dieser Frage und betrachtet damit verbundene Potenziale, Probleme, Herausforderungen sowie Lösungsstrategien. Abschließend wird ein zusammenfassendes Fazit der Entwicklung gezogen. Methodisch fokussiert sich die Arbeit auf die systematische Auswertung von Fachliteratur, Fachzeitschriften sowie aktueller Studien.

---

[1] Vgl. Engelen (2014): 67; 70.
[2] Vgl. Engelen (2014): 78; Walther/de Jong (2009): 6.
[3] Vgl. Scheuer (2017): 312.
[4] Vgl. Eckrich et al. (2016): 295-296; Obermann/Müller/Woerns (2015): 16.

2 Digitalisierung im Gesundheitswesen und Digitale Patienten

Für die Betrachtung der Veränderungen der Arzt-Patienten-Beziehung ist ein grundlegendes Verständnis der Digitalisierung im Gesundheitswesen selbst notwendig. In den folgenden Abschnitten werden hierzu die zugrundeliegenden Begriffsverständnisse sowie die Treiber, Ursachen und Ausprägungen der Digitalisierung auf Seiten der Ärzte wie auch auf Seiten der Patienten dargelegt.

2.1 Begriffsverständnis

Die Digitalisierung im Gesundheitswesen ist ein vielschichtiges Themengebiet. Dies zeigt sich in den unterschiedlichen Definitionsansätzen und Begriffsverständnissen, die in der Fachliteratur genutzt werden. Eine einheitliche Definition existiert nicht.[5] Vielfach findet im Zusammenhang mit der Digitalisierung im Gesundheitswesen der Begriff des *eHealth* Verwendung, der sich allgemein auf die Nutzung von Informations- und Kommunikationstechnologien im Gesundheitswesen bezieht.[6] Oh et al. (2005) identifizierten insgesamt 51 verschiedene Definitionsansätze für *eHealth*. Alle dabei gefundenen Definitionsansätze beziehen sich direkt oder indirekt auf Technologien.[7] Die genutzten Definitionen sind abhängig vom jeweiligen Kontext und umfassen unterschiedliche Anwendungen und Technologien.[8] Eine weitere häufig genutzte Terminologie ist die des *Health 2.0.* Van de Belt et al. (2010) konnten in einer Studie hierfür 46 unterschiedliche Definitionsansätze in 44 Fachartikeln identifizieren, die sich auf verschiedene Schwerpunkte fokussieren. Die Mehrheit der identifizierten Definitionsansätze stellt dabei insbesondere die Beziehung zwischen Patienten und medizinischen Leistungserbringern in den Mittelpunkt, was auch dem Fokus dieser Arbeit entspricht.[9]

Auch zum Begriff der Digitalen Patienten existiert keine einheitliche Definition, vielmehr sind die Begrifflichkeiten noch in Entstehung und Wandel. Vielfach wird in diesem Zusammenhang auch von *ePatienten* gesprochen. Gemeinsam sind den

---

[5] Vgl. Fischer/Aust/Krämer (2016): 7.
[6] Vgl. Fischer/Aust/Krämer (2016): 3; 5.
[7] Vgl. Oh et al. (2005): 8.
[8] Vgl. Häckl (2010): 62-64.
[9] Vgl. Van de Belt et al. (2010): 10.

verwendeten Begrifflichkeiten und Definitionen überwiegend, dass sich auf die Suche von medizinischen Informationen im Internet durch Patienten sowie auf eine aktive Beteiligung der Patienten bezogen wird.[10]

Die unterschiedlichen Begrifflichkeiten können zusammenfassend als Sammelbegriffe für die zugrundeliegenden Wandlungsprozesse innerhalb des Gesundheitswesens verstanden werden.[11]

2.2 Ursachen und Treiber

Die wachsende Bedeutung der Digitalisierung im Gesundheitswesen ist auf unterschiedlichste Wandlungsprozesse zurückzuführen und ist eng verknüpft mit weiteren Transformationen, wie dem demografischen, ökonomischen sowie technologischen Wandel. Dieser vielschichtige strukturelle Wandel ist gleichzeitig Resultat wie auch Ursache der Digitalisierung.[12] Der demografische Wandel sowie die Zunahme chronischer Erkrankungen stellen das Gesundheitswesen weltweit vor Herausforderungen.[13] Die Digitalisierung bietet hier Möglichkeiten zu einer effizienteren und effektiveren medizinischen Versorgung bei gleichem Personaleinsatz.[14]

Weiterhin nimmt die Fülle medizinischer Informationen stetig zu, was es Ärzten erschwert alle relevanten Entwicklungen bezüglich Therapien und Krankheiten zu überblicken. Alleine im Jahr 2010 wurden mehr als 800.000 medizinische Fachartikel veröffentlicht.[15] Eine ähnliche Problematik ergibt sich auch bei der Verschreibung von Medikamenten. Die für eine korrekte und sichere Medikation erforderlichen Informationen sind von Ärzten nur bedingt in ihrer Gesamtheit und in ihrer Komplexität zu erfassen.[16] Medizinische Fehler führen so zu jährlich über 250.000 Todesfällen in den USA und sind damit die dritthäufigste Todesursache im Land.[17] Hier bietet der Einsatz von Technologien die Möglichkeit, die Ärzte bei ihrer Arbeit zu unterstützen. Gleichzeitig führt die Digitalisierung selbst zu einer Zunahme von

---

[10] Vgl. Schachinger (2013): 30.
[11] Vgl. Engelen (2014): 70.
[12] Vgl. Fischer/Aust/Krämer (2016): 4.
[13] Vgl. Walther/de Jong (2009): 5.
[14] Vgl. Fischer/Aust/Krämer (2016): 13; Walther/de Jong (2009): 5.
[15] Vgl. deBronkart (2014): 26.
[16] Vgl. Woosley et al. (2016): 161-162.
[17] Vgl. Makary/Daniel (2016): 2.

Daten sowie Informationen, was wiederum den Einsatz von Technologien erfordert, die helfen diese zu bewältigen und sinnvoll nutzbar zu machen.[18]

Die Digitalisierung im Gesundheitswesen wird auch von den Patienten geprägt. Im Zentrum steht hier insbesondere das Internet sowohl als Informationsinstrument wie auch als Plattform für Austausch und Vernetzung von Patienten.[19] Auch die Entwicklung von Gesundheit als Trend, der das alltägliche Leben durchzieht, spielt eine wichtige Rolle.[20] Der Stellenwert der eigenen Gesundheit nimmt zu.[21] Ebenfalls der Anspruch nach Transparenz fördert die Digitalisierung im Gesundheitswesen. Ein Transparenzanspruch durchzieht nahezu alle öffentlichen Teilbereiche. Aus Sicht der Patienten bietet das Gesundheitswesen jedoch noch eine vergleichsweise geringe Transparenz.[22] Auf Seiten der medizinischen Leistungserbringer müssen Wege gefunden werden, dem steigenden Transparenzanspruch der Patienten gerecht zu werden, wobei die Digitalisierung Lösungsansätze bietet.[23]

Es zeigt sich, dass die Digitalisierung im Gesundheitswesen sowohl auf Seiten der Patienten als auch der medizinischen Leistungserbringer zu verorten ist.

2.3 Digitalisierung auf Seiten der medizinischen Leistungserbringer

Wie in Abschnitt 2.2 bereits angeführt wurde, nimmt die Fülle und Komplexität von Informationen und Daten im Gesundheitswesen immer weiter zu. Dementsprechend gewinnt der Einsatz von modernen *Medical Decision Support Systemen* (MDSS) zunehmend an Bedeutung.[24] Unter MDSS werden Computersysteme verstanden, die medizinische Leistungserbringer unterstützen, klinische Entscheidungen zu treffen. Unabhängig von der eingesetzten Technologie geht es dabei um die Verarbeitung medizinischer Patientendaten oder medizinischen Wissens zur Interpretation solcher Daten.[25] Mittels Verfahren des Data Mining sowie Aspekten des

---

[18] Vgl. Scheuer (2017): 312.
[19] Vgl. Schachinger (2014): 12.
[20] Vgl. Fischer/Aust/Krämer (2016): 4.
[21] Vgl. Fjord (2016): 7.
[22] Vgl. deBronkart (2014): 38.
[23] Vgl. Rademacher/Remus (2010): 43-44; 52-54.
[24] Vgl. Woosley et al. (2016): 161-162.
[25] Vgl. Shortliffe (1987): 61.

maschinellen Lernens unterstützen moderne MDSS medizinische Leistungserbringer dabei aus der Fülle an Informationen die relevanten zu gewichten sowie auf deren Grundlage eine evidenzbasierte Entscheidung zu treffen. Dies ist insbesondere relevant, da Studien zeigen, dass die Gesundheitsversorgung in vielen Ländern noch wenig evidenzbasiert und somit oftmals nicht optimal ausgerichtet ist.[26]

Eingesetzt werden MDSS auf Seiten der medizinischen Leistungserbringer in den Bereichen Diagnose, Therapie, sowie insbesondere Medikation.[27] Im Rahmen der Medikation können so beispielsweise *Electronic Medical Records* (EMR) mit Datenbanken zu Risikofaktoren und -klassen von Medikamenten verknüpft werden. Das MDSS überprüft und verknüpft automatisch die relevanten Informationen und kann bei einer potenziellen Fehlverschreibung warnend intervenieren und Alternativen vorschlagen. Die Entscheidungsfindung des MDSS findet dabei mittels eines klinischen Entscheidungsbaumes statt.[28] Neben der Umsetzung evidenzbasierter Strategien ermöglicht die Verknüpfung von EMRs mit einem MDSS eine Erhöhung der Behandlungssicherheit sowie verbesserte Diagnosemöglichkeiten.[29] Die für eine erfolgreiche Behandlung relevanten Informationen werden dann zur Verfügung gestellt, wenn sie benötigt werden. Letztlich können so Behandlungsfehler reduziert, sowie die Ergebnisse der Behandlungen verbessert werden.[30]

Weiter gewinnt das Thema der Telemedizin an Bedeutung und stellt einen zentralen Aspekt der Digitalisierung im Gesundheitswesen dar.[31] Ersichtlich wird dies unter anderem daran, dass im Jahr 2016 das Gesetz für sichere digitale Kommunikation und Anwendungen im Gesundheitswesen verabschiedet wurde, das bis Mitte 2018 einen flächendeckenden Anschluss von Krankenhäusern und Arztpraxen an die Telematik-Infrastruktur gewährleisten soll.[32] Gemäß Definition stellt Telemedizin einen Sammelbegriff dar, der verschiedene Versorgungskonzepte vereint, bei denen eine medizinische Leistung im Rahmen der Gesundheitsversorgung unter Nutzung

---

[26] Vgl. Kawamoto et al. (2006): 1.

[27] Vgl. Scheuer (2017): 312-315.

[28] Vgl. Woosley et al. (2016): 162-163.

[29] Vgl. El-Kareh/Hasan/Schiff (2013): 4-7.

[30] Vgl. Kawamoto (2006): 1; 3-4.

[31] Vgl. Fischer/Aust/Krämer (2016): 13.

[32] Vgl. Bundesministerium für Gesundheit (2017): o. S.

von Informations- und Kommunikationstechnologien über räumliche Distanzen erbracht werden. Diese Leistungen können die Bereiche Diagnostik, Therapie, ärztliche Entscheidungsberatung sowie Rehabilitation umfassen.[33] Die am häufigsten genutzten Formen der Telemedizin sind die Telekonsultation sowie das Telemonitoring.[34] So kann im Rahmen des Telemonitorings eine dauerhafte und umfassende Überwachung der zentralen Gesundheitsparameter von Risikopatienten erfolgen, was ein präventives Vorgehen mit zeitgenauer Intervention ermöglicht.[35] Im Falle einer Diabetes-Erkrankung können so Daten bezüglich Körpergewicht, Blutzucker und Blutdruck automatisiert an den behandelnden Arzt übermittelt werden.[36] Im Rahmen der Telekonsultation kann eine allgemeine medizinische Informationen oder eine Beratung in einer auftretenden Akutsituation durchgeführt werden.[37] Die Interaktion zwischen Arzt und Patient kann dabei auf verschiedensten Wegen, wie beispielsweise durch Videokonferenzen, erfolgen.[38]

2.4 Digitale Patienten - Digitalisierung auf Seiten der Patienten

Wie in Abschnitt 2.1 bereits dargelegt, steht bei der Betrachtung der Digitalisierung im Gesundheitswesen auf Seiten der Patienten insbesondere das Internet als Informationsinstrument sowie als Plattform für Austausch und Vernetzung von Patienten im Zentrum.[39] Durch die weite Verbreitung von sowohl Internet als auch internetfähigen (mobilen) Endgeräten sind Informationen leicht und ortsunabhängig zu beschaffen.[40] Patienten informieren sich vermehrt online und überprüfen die vom Arzt erhaltene Diagnose.[41] Das Statistische Bundesamt gibt an, dass im Jahr 2015 rund 40 Millionen Menschen online nach Gesundheitsinformationen gesucht haben, was einem Anteil von 67 Prozent der Internetnutzer ab 10 Jahren entspricht.[42]

---

[33] Vgl. Bundesärztekammer (2015): 2.
[34] Vgl. Fischer/Aust/Krämer (2016): 13.
[35] Vgl. Walther/de Jong (2009): 5.
[36] Vgl. Bundesministerium für Gesundheit und Frauen (2016): o. S.
[37] Vgl. Braga (2017): 95.
[38] Vgl. Walther/de Jong (2009): 6.
[39] Vgl. Schachinger (2014): 12.
[40] Vgl. Müller (2010): 163.
[41] Vgl. Belliger (2014): 103.
[42] Vgl. Statistisches Bundesamt (2016): o. S.

Eine zentrale Rolle spielt die Entwicklung des Internets hin zum Web 2.0, also zum Internet als partizipative und kollaborative Kommunikationsplattform. Online-Communities, beispielsweise zu spezifischen Erkrankungen, bieten die Möglichkeit der Bündelung von Wissen aus Forschungsberichten und Studien, des Erfahrungsaustausches über Therapieformen oder Medikation und können als weltweite Wissensnetzwerke verstanden werden.[43] Durch die Entwicklung des Web 2.0 hat auch die Bedeutung von Bewertungen und Rankings von Dienstleistungen zugenommen. Diese Entwicklung ist heute ebenfalls im Bereich der Gesundheitsversorgung zu sehen, wo Bewertungsportale eine immer wichtigere Rolle einnehmen.[44]

Auch Fitnesstracker und Health-Apps erfahren auf Seiten der Patienten eine zunehmende Verbreitung. So nutzen laut einer Studie aus dem Jahr 2016 bereits 31 Prozent der Befragten einen Fitnesstracker und rund ein Drittel der Smartphone-Nutzer Health-Apps.[45] Die Anwendungsfelder von Health-Apps sind vielfältig. Ein wichtiges Anwendungsgebiet ist die Prävention, wobei Apps durch niedrigschwelligen Zugang beispielsweise zu einer Förderung des Gesundheitsbewusstseins der Patienten beitragen können. Auch bei Diagnostik und Therapie, insbesondere im Rahmen von telemedizinischen Anwendungen, finden Apps bereits Verwendung. In diesem Kontext werden Apps vermehrt auch von medizinischen Leistungsbringern eingesetzt.[46] Patienten stehen auch der damit verbundenen Analyse ihrer Gesundheitsdaten zunehmend offen gegenüber.[47] So konnten sich 75 Prozent der im Rahmen einer Studie aus dem Jahr 2016 Befragten vorstellen, die durch Apps oder Fitnesstracker erhobenen Daten an den behandelnden Arzt weiterzugeben.[48]

3 Veränderung der Arzt-Patienten-Beziehung

Die Beziehung zwischen medizinischem Leistungserbringer und Patient kann verstanden werden als soziale Interaktion im Rahmen derer der Patient professionell betreut sowie behandelt wird. Der Erfolg der medizinischen Versorgung ist dabei

---

[43] Vgl. Belliger (2014): 100; 106.
[44] Vgl. Kofahl/Horak (2010): 111-112.
[45] Vgl. Bitkom (2016): 1-3.
[46] Vgl. Albrecht (2016): 21-23.
[47] Vgl. Fjord (2016): 7.
[48] Vgl. Bitkom (2016): 4.

abhängig vom Funktionieren dieser Beziehung.[49] Wie in den folgenden Abschnitten gezeigt wird, kommt es im Rahmen der Digitalisierung zu einer Wandlung der Rollen und damit einhergehend zu einer Veränderung der Arzt-Patienten-Beziehung, die sowohl Potenziale als auch Herausforderungen mit sich bringt.

3.1 Veränderte Rollen von Arzt und Patient

Der Arzt als Experte verfügt gemäß den klassischen Rollen über ein Wissen, welches dem Patienten nicht zur Verfügung steht. Dieser Wissensvorsprung verleiht ihm Macht im Rahmen der Beziehung mit dem Patienten, bringt jedoch auch große Verantwortung mit sich.[50] Dem traditionellen Rollenbild des Arztes als paternalistischem Leistungserbringer, der einen Wissens- und Erfahrungsvorsprung gegenüber dem Patienten hat und diesen aus einer Fürsorgeverpflichtung heraus behandelt, steht der passive Patient als untergeordneter Leistungsempfänger ohne Beteiligung in den Entscheidungsprozessen gegenüber.[51]

Durch die Verfügbarkeit von Informationen verschiebt sich die Informationsasymmetrie zwischen Arzt und Patient. So ist es möglich, dass Digitale Patienten letztlich über mehr spezifische Informationen verfügen als der behandelnde Arzt selbst. Insbesondere bei chronischen Erkrankungen informieren sich Patienten oft umfassend über neue Therapien, Medikamente und Entwicklungen. Durch die Vernetzung der Patienten bilden sich so Wissensressourcen, über die ein einzelner Arzt kaum verfügen kann.[52] Die sich vor allem aus der Informationsasymmetrie ergebende klare Trennung von Laie und Experte nimmt ab. Damit entwickeln sich Patienten weg von der passiven Rolle als bloßem Leistungsempfänger hin zu einem aktiven Bestandteil in ihrer eigenen nunmehr partizipativen und auf gleichberechtigter Kommunikation fußenden medizinischen Versorgung.[53] Die Entwicklungen führen zu einer gesteigerten Autonomie und Eigenverantwortung der Patienten.[54]

---

[49] Vgl. Duffy et al. (2004): 495-496.
[50] Vgl. Riggenbach (2007): 134; 136.
[51] Vgl. Schmöllner (2008): 21-22.
[52] Vgl. Belliger (2014): 106.
[53] Vgl. Belliger (2014): 130.
[54] Vgl. Scheuer (2017): 311.

Gleichzeitig entwickelt sich die Rolle des Patienten hin zu einem klassischen Kundenmodell.[55] Die Patienten vergleichen und bewerten Ärzte und deren Leistungen, holen sich Zweitmeinungen ein und stellen Anforderungen an die medizinischen Leistungserbringer. Die Entwicklungen der Digitalisierung führen demnach im Rahmen der Arzt-Patienten-Beziehung zu einer Marktmacht auf Seiten der Patienten, die so bislang nicht vorhanden war und die Patienten in die Rolle von eigenverantwortlichen und mündigen Kunden versetzt.[56]

Durch Patienteninformationen und verstärkte Evidenzfokussierung in Form von MDSS ergibt sich auch eine grundlegende Veränderung der Rolle des Arztes hin zu einer beratenden Funktion bei medizinischen Sachverhalten. Die Entscheidungen werden vermehrt von intelligenten Systemen vorbereitet und vom Arzt als soziale Komponente der Interaktion mit dem Patienten kommuniziert und bewertet.[57] Die neue Rolle des Arztes entspricht damit der eines fachkundigen Beraters und Vertrauten des Patienten, der den Patienten bezüglich möglicher Behandlungen und Alternativen berät und medizinische Sachverhalte interpretiert.[58] Die Rolle des MDSS kann dabei mit der eines Autopiloten zur Unterstützung des medizinischen Leistungserbringers verglichen werden. Auf Basis von Algorithmen werden große Mengen an Daten verarbeitet und die zur Unterstützung von einzelnen Entscheidungen benötigten Informationen dem medizinischen Leistungserbringer zeitgenau zur Verfügung gestellt und damit dessen Leistungsfähigkeit erhöht.[59] Auf diese Weise können Ärzte ihre Entscheidungen überprüfen und sich auf die evidenzbasierten Ergebnisse der MDSS beziehen und werden so von der eingangs dieses Abschnitts erwähnten hohen Verantwortung ein Stück weit entlastet.[60] Die MDSS ermöglichen demnach auf Seiten der Ärzte eine bessere Absicherung von Entscheidungen.[61] Weiterhin kommt dem Arzt auch hinsichtlich der Patienteninformationen eine neue Rolle zu. War bislang der Arzt die wichtigste und oftmals einzige Quelle der Patienten, so spielt heute, wie in Abschnitt 2.4 ausgeführt, insbesondere das

---

[55] Vgl. Dierks/Seidel (2005): 35.
[56] Vgl. Rademacher/Remus (2010): 57-58.
[57] Vgl. Scheuer (2017) 318-319.
[58] Vgl. Rademacher/Remus (2010): 57; Scheuer (2017) 319.
[59] Vgl. Woosley et al. (2016): 163.
[60] Vgl. Scheuer (2017): 318.
[61] Vgl. Scheuer (2017): 311.

Internet eine wichtige Rolle als Informationsquelle für Patienten.[62] Dem Arzt kommt auch in dieser Konstellation eine bewertende und beratende Funktion hinsichtlich der von den Patienten online oder durch Apps gefundenen Informationen und Informationsquellen zu.[63]

3.2 Implikationen und Potenziale für die Beziehung zwischen Arzt und Patient

Studien zeigen, dass das Internet aus Sicht der Patienten keinen Ersatz für den Arzt und die Angebote der Gesundheitsversorgung darstellt, sondern eine Ergänzung. So gaben im Rahmen einer Studie von Andreassen et. al (2007) 79 Prozent der Befragten an, dass der direkte Kontakt mit dem Arzt für sie wichtig ist.[64] Auch die Ergebnisse von Rosis/Barsanti (2016) zeigen, dass die Digitalisierung nicht zu einer Substitution der traditionellen Gesundheitsversorgung führt. So teilt der Großteil der Patienten, die online nach Informationen suchen, diese auch mit ihrem Arzt. Lediglich 17 Prozent gaben an, dies noch nie getan zu haben.[65] Eine aktuelle Studie von EPatient RSD legt ebenfalls nahe, dass den Patienten der direkte Kontakt mit dem Arzt nach wie vor wichtig ist. Von den insgesamt 11.000 Befragten gaben 75 Prozent der Health-App-Nutzer an, eine durch die App erhaltene Therapie-Empfehlung mit ihrem Arzt zu besprechen.[66]

Jedoch zeigen Andreassen et al. (2007), dass die Digitalisierung Auswirkungen darauf hat, wie Angebote der traditionellen Gesundheitsversorgung von den Patienten in Anspruch genommen werden, was wiederum die Arzt-Patienten-Beziehung beeinflusst. So haben ein Drittel derjenigen die im Internet Informationen gesucht haben, Fragen oder Anregungen mit zu ihrem Arzt zur Besprechung gebracht. Etwa 50 Prozent gaben an, Internetinformationen bereits als Kriterium herangezogen zu haben bei der Entscheidung, ob sie einen Arzt aufsuchen oder nicht. Ebenfalls gaben ein Drittel der in der Studie Befragten an, dass bei der Suche nach einem neuen

---

[62] Vgl. Rosis/Barsanti (2016): 1279.

[63] Vgl. deBronkart (2014): 28.

[64] Vgl. Andreassen et al. (2007): 6.

[65] Vgl. Rosis/Barsasnti (2016): 1280.

[66] Vgl. E-HEALTH-COM (2017): o. S.

Arzt das jeweilige Angebot an *eHealth*-Services ein Kriterium ist. Entsprechend wird von Ärzten erwartet werden, derartige Angebote vorzuweisen. [67]

Wie in Abschnitt 3.1 angesprochen, zeigt sich hier die neue Rolle der Patienten als aktive, eigenverantwortliche Kunden medizinischer Leistungen. Digitale Patienten werden durch das online verfügbare Wissen über die angebotenen Leistungen sowie die Leistungsfähigkeit der medizinischen Leistungserbringer in die Lage versetzt, eine kundige Entscheidung zu treffen, welchen Arzt oder welches Krankenhaus sie aufsuchen.[68] Insbesondere Bewertungsportale spielen hierbei eine entscheidende Rolle. Auf medizinischen Bewertungsportalen werden Ärzte und Krankenhäuser durch die Patienten hinsichtlich verschiedener Kriterien, wie Qualität der Behandlung, bewertet.[69] Durch die Verfügbarkeit solcher Bewertungen haben Digitale Patienten eine Vergleichs- und damit auch Wahlmöglichkeit.[70] Die dadurch entstehende Vergleichbarkeit und Transparenz ist Voraussetzung für eine aktive Teilnahme der Patienten im Rahmen ihrer medizinischen Versorgung.[71]

Dies führt nicht nur dazu, dass die Souveränität der Patienten im Rahmen der Arzt-Patienten-Beziehung gestärkt wird, sondern auch, dass sich die medizinischen Leistungserbringer aufgrund des vermehrten offenen Wettbewerbs und der Marktmacht der Patienten mehr patienten- und serviceorientiert ausrichten müssen.[72] Entsprechen Krankenhäuser oder Ärzte nicht den Anforderungen oder werden schlecht bewertet, werden diese von den Patienten womöglich nicht weiter aufgesucht.[73] So gab jeder zehnte Befragte in der Studie von EPatient RSD an, die Therapieempfehlung aus Apps mit einem neuen und nicht seinem ursprünglichen Arzt zu besprechen.[74] Entsprechend treten informierte Digitale Patienten im Rahmen der Arzt-Patienten-Beziehung selbstbewusster auf und haben konkrete Erwartungen an die erbrachten Leistungen.[75]

---

[67] Vgl. Andreassen et al. (2007): 6.
[68] Vgl. Müller (2010): 183.
[69] Vgl. Kofahl/Horak (2010): 113.
[70] Vgl. Engelen (2014): 75.
[71] Vgl. Belliger (2014): 116.
[72] Vgl. Kofahl/Horak (2010): 113-114.
[73] Vgl. Engelen (2014): 75.
[74] Vgl. E-HEALTH-COM (2017): o. S.
[75] Vgl. Rademacher/Remus (2010): 42.

Informationen, die dem Patienten im Rahmen der Arzt-Patienten-Beziehung zur Verfügung stehen, können auch direkt das Ergebnis der Behandlung beeinflussen. Wie zu Beginn dieses Kapitels dargelegt, ist das Behandlungsergebnis vom Funktionieren der Arzt-Patienten-Beziehung abhängig. Patienteninformationen fördern dabei die rationale Mitwirkung des Patienten im Rahmen seiner Behandlung. Die sich aus den verfügbaren Informationen ergebenden Einschätzungen und Einstellungen des Patienten haben wiederum direkten Einfluss auf die Art und das Ergebnis der Behandlung.[76] Die Wirkung von Informationen auf Patienten wurde von Waber et al. (2008) dargelegt. Die im Rahmen der Studie verabreichten Placebos wurden von den Probanden als weniger wirksam wahrgenommen, wenn sie die Information erhielten, dass es sich um ein günstiges Medikament handelt. Placebos die als teurere Medikamente deklariert wurden, ließen die Teilnehmer dagegen weniger Schmerz empfinden. Entsprechend lag ein direkter Zusammenhang zwischen den Informationen die den Patienten zur Verfügung standen und dem erzielten Ergebnis vor.[77] Wilm et al. (2008) konnten in ihrer Studie[78] aufzeigen, dass Ärzte zudem im Umgang mit den Patienten Unterschiede machen, je nachdem wie diese ihnen gegenüber auftreten. Ängstlich auftretende Patienten wurden mit weiteren Maßnahmen versorgt, wohingegen bei der Mehrheit der neutral auftretenden Patienten keine weiteren Schritte für eine fortführende Diagnostik eingeleitet wurden.[79]

Informationen wirken auf Patienten also verhaltensbestimmend und beeinflussen, wie die Patienten im Rahmen der Arzt-Patienten-Beziehung auftreten und welche Erwartungen sie haben. Dieses Auftreten wiederum führt zu einem entsprechenden Verhalten auf Seiten der medizinischen Leistungserbringer und bestimmt Art, Umfang und Ergebnis der Behandlung.[80] Verschiedene Studien legen zudem nahe, dass Patienten, die eine aktive Rolle in der Arzt-Patienten-Beziehung einnehmen, bessere Gesundheitsergebnisse, beispielsweise bezogen auf den Body Mass Index oder Blutdruck, erzielen und zufriedener sind mit ihrer medizinischen Betreuung. Aktive

---

[76] Vgl. Müller (2010): 180-181.

[77] Vgl. Waber et al. (2008): 1016-1017.

[78] Im Rahmen der Studie konsultierten standardisierte Simulationspatienten entweder neutral-akzeptierend oder ängstlich-besorgt bezüglich Kopfschmerzen insgesamt 53 Hausärzte. Vgl. Wilm et al. (2008): 273.

[79] Vgl. Wilm et al. (2008): 277-278.

[80] Vgl. Müller (2010): 190.

Patienten[81] nehmen demnach eher Vorsorgeuntersuchungen wahr, verhalten sich eher gesundheitsförderlich und verzögern seltener notwendige Behandlungen.[82]

Die Digitalisierung im Gesundheitswesen führt somit dazu, dass sich die Struktur der Arzt-Patienten-Beziehung grundlegend wandelt: Vom einst hippokratischen Modell mit paternalistischen Handlungsweisen hin zu einem partnerschaftlichen Modell mit Fokus auf Autonomie.[83] Als theoretisches Modell für eine partnerschaftliche Arzt-Patienten-Beziehung wird in der Literatur das Konzept des *Shared Decision Making* beschrieben.[84] Das *Shared Decision Making* nimmt im Rahmen der Arzt-Patienten-Beziehung folglich eine zunehmend bedeutsame Rolle ein. Ärzte sind, wie in Abschnitt 3.1 ausgeführt, nicht mehr alleinige Entscheider, sondern fachkundige Berater und treffen die Entscheidungen gemeinsam mit dem Patienten.[85] Unter *Shared Decision Making* wird demzufolge ein Ansatz verstanden, bei dem Ärzte gemeinsam mit Patienten auf Basis bestmöglicher Evidenz[86] eine Entscheidung treffen.[87] Das *Shared Decision Making* findet zunehmend auch mittels interaktiver Computertechnologien statt.[88] Studien zeigen, dass die gemeinsame Entscheidungsfindung von den Patienten überwiegend gewünscht ist.[89]

Für die Arztkonsultation bietet das Einbinden der Patienten ebenfalls das Potenzial zu einer Verbesserung beizutragen. Werden informierte Patienten eingebunden und haben die Möglichkeit im Vorfeld der Konsultation Meinungen und Präferenzen zu bilden, kann sich das Gespräch zwischen Arzt und Patient auf spezifische Fragestellungen fokussieren. Neben einer qualitativen Verbesserung der Kommunikation im Rahmen der Arzt-Patienten-Beziehung ist damit auch eine zeitliche Entlastung

---

[81] Grundlage für den Begriff aktiver Patienten stellt hier das Konzept des *patient activation* dar, welches sich auf den Willen und die Befähigung von Patienten bezieht, autonom Maßnahmen zur Verwaltung ihrer Gesundheit und Gesundheitsversorgung zu ergreifen. Vgl. Hibbard/Greene (2013): 207.

[82] Vgl. Hibbard/Greene (2013): 208-209.

[83] Vgl. Arz de Falco (2007): 151.

[84] Vgl. Scheibler/Janßen/Pfaff (2003): 11-13.

[85] Vgl. Kofahl/Horak (2010): 118.

[86] Hier zeigt sich auch in diesem Zusammenhang die Bedeutung der MDSS im Rahmen der Entwicklung der Arzt-Patienten-Beziehung, die eine evidenzbasierte Entscheidungsfindung ermöglichen. Vgl. Abschnitt 2.3.

[87] Vgl. Elwyn et al. (2010): o. S.

[88] Vgl. Elwyn et al. (2005): 3.

[89] Vgl. Cosgrove et al. (2013): 322.

sowie eine erhöhte Zufriedenheit der Patienten mit der Konsultation zu erwarten.[90] Die Bedeutung der Kommunikation im Rahmen der Arzt-Patienten-Beziehung kann dabei als zentral erachtet werden. Gemäß vieler Studien wird Kommunikation als einer der wichtigsten Einflussfaktoren für die Zufriedenheit von Patienten im Rahmen der medizinischen Versorgung genannt.[91]

Das *Shared Decision Making* ermöglicht es somit, die medizinische Behandlung besser an die Vorstellungen und Wünsche der Patienten anzupassen. So kann eine verbesserte Zusammenarbeit zwischen Arzt und Patient durch höhere Kooperationsbereitschaft und verringerte Ängste auf Seiten des Patienten und damit insgesamt bessere Ergebnisse der medizinischen Versorgung erreicht werden.[92] Je mehr der Patient in seine eigene Therapie eingebunden ist und die Zusammenhänge kennt und versteht, desto eher befolgt er die Therapie, was wiederum Grundvoraussetzung für den Erfolg dieser darstellt.[93] Weiterhin teilen Patienten mehr online gefundene Informationen mit ihrem Arzt, wenn sie das Gefühl haben in den Entscheidungsfindungsprozess involviert zu sein, was die Bedeutung einer kooperativ ausgerichteten Arzt-Patienten-Beziehung im Zuge der Digitalisierung verdeutlicht.[94]

3.3 Probleme, Herausforderungen und Lösungsansätze

Neben den dargelegten Veränderungen und daraus resultierenden Potenzialen für die Arzt-Patienten-Beziehung ergeben sich auch Herausforderungen. Im Folgenden werden die identifizierten Herausforderungen besprochen, die in einem direkten Zusammenhang mit der Beziehung zwischen Arzt und Patient stehen.

3.3.1 Akzeptanz

Auf Seiten der Patienten scheinen die Vorbehalte bezüglich der Digitalisierung eher gering zu sein. So gaben in den USA im Jahr 2015 im Rahmen einer Studie zwei

---

[90] Vgl. Mühlhauser/Meyer/Steckelberg (2010): 415.
[91] Vgl. Manary et al. (2013): 202-203.
[92] Vgl. Oshima Lee/Emanuel (2013): 6-7
[93] Vgl. Riggenbach (2007): 144-145.
[94] Vgl. Rosis/Barsasnti (2016): 1288-1289.

Drittel der Befragten an, anstelle eines Arztbesuches ihre Erkrankungen lieber digital zu managen.[95] Eine Umfrage des Trendmonitors der Techniker Krankenkasse im selben Jahr hat ergeben, dass über 50 Prozent der Versicherten online mit ihrem Arzt in Kontakt treten möchten oder dies bereits tuen. 68 Prozent davon gaben an, dass sie im Krankheitsfall so gesundheitsbezogene Messwerte an den Arzt weiterleiten würden. 60 Prozent davon möchten online Befunde des Arztes erhalten.[96]

Für das Funktionieren der Arzt-Patienten-Beziehung unter dem Gesichtspunkt der mit der Digitalisierung einhergehenden Veränderungen ist es jedoch elementar, dass die Akzeptanz auch auf Seiten der medizinischen Leistungserbringer vorhanden ist.[97] Jedoch zeigen große Teile der Ärzte ein differenziertes Meinungsbild bezüglich der Entwicklungen. Nur 30 Prozent der im Rahmen einer Studie zum Thema *eHealth* befragten Ärzte im Jahr 2015 stimmten zu, dass sich die Versorgung in den kommenden zehn Jahren qualitativ oder wirtschaftlich verbessern wird, nur ein Drittel erwartet, dass der Service für Patienten besser, schneller und komfortabler wird.[98] Bezüglich der Nutzung von Health-Apps hat die Akzeptanz auch von Seiten der medizinischen Leistungserbringer zugenommen. Gemäß einer Studie aus dem Jahr 2015 stimmten bereits 41,7 Prozent der befragten Ärzte zu, dass Apps im Rahmen der medizinischen Betreuung ein wichtiges Element sein könnten, nur 35,4 Prozent verneinten dies.[99]

Gemäß dem traditionellen Rollenverständnis werden von Patienten zum Teil Bedenken geäußert, dass es von Seiten des Arztes unerwünscht ist, wenn sich Patienten informieren und diese Informationen mit dem Arzt austauschen.[100] Analog wird von Seiten der Ärzte teilweise kommuniziert, dass aus ihrer Sicht Patienten kein Interesse an einer Partizipation haben und eine alleinige Entscheidung durch den Arzt erwarten. Die Sichtweisen und Einstellungen bezüglich einer durch die Digitalisierung geförderten stärkeren Partizipation von Patienten scheinen demnach auf Seiten von Ärzten und Patienten nicht immer übereinzustimmen.[101] Entsprechend

---

[95] Vgl. Makovsky Health (2015): o. S.
[96] Vgl. Techniker Krankenkasse (2015): 3.
[97] Vgl. Engelen (2014): 88.
[98] Vgl. Obermann/Müller/Woerns (2015) 16.
[99] Vgl. Obermann/Müller/Woerns (2015) 29.
[100] Vgl. Hay et al. (2008): 378.
[101] Vgl. Müller (2010): 178.

kann die Frage gestellt werden, ob aus Sicht der medizinischen Leistungserbringer überhaupt Bereitschaft besteht, die Informationsasymmetrie zugunsten der Patienten zu korrigieren.[102] Zentral ist demnach, dass insbesondere auf Seiten der medizinischen Leistungserbringer die Bereitschaft gefördert wird, sich den damit einhergehenden Veränderungen zu öffnen.[103]

3.3.2 Entpersonalisierung

In der Fachliteratur werden zum Teil Bedenken geäußert, dass es durch die Digitalisierung zu einem Gefühl der Entpersonalisierung auf Seiten der Patienten kommt, da der unmittelbare Kontakt mit den medizinischen Leistungserbringern für Patienten auch eine soziale Komponente beinhaltet. Fürsorge und Zuwendung können bereits als Teil der eigentlichen Therapie verstanden werden.[104] Das Idealbild des medizinischen Leistungserbringers ist auf Seiten der Patienten häufig geprägt durch eine nahe menschliche Beziehung.[105] Durch den Wegfall dieses Aspekts im Rahmen der Arzt-Patienten-Beziehung durch den Einsatz von Technologien könnte es zu einer sterilen und unpersönlichen Betreuung der Patienten kommen.[106] Im Rahmen von Studien werden so teilweise Bedenken geäußert, dass es zu einem Verlust des persönlichen Verhältnisses zwischen Arzt und Patient kommen könnte.[107] Schirrmacher (2009) führt aus, dass die Nutzung von Technologien durch den Arzt dessen Aufmerksamkeit aus Sicht der Patienten von diesen abwendet.[108]

Insbesondere Technologien der Telemedizin bergen die Gefahr, zu einer Entpersonalisierung der Arzt-Patienten-Beziehung beizutragen. Ein Besuch im Krankenhaus oder in der Arztpraxis ist dadurch vielfach nicht mehr notwendig, wodurch der direkte Kontakt mit dem Arzt entfällt.[109] Entsprechend werden telemedizinische Anwendungen von vielen Ärzten abgelehnt, da diese nicht mit ihrer Vorstellung der

---

[102] Vgl. Mühlhauser/Meyer/Steckelberg (2010): 416.
[103] Vgl. Engelen (2014): 88.
[104] Vgl. Budych et al. (2013): 22.
[105] Vgl. Koch/Kray (2010) 149.
[106] Vgl. Shortliffe (1994): 77.
[107] Vgl. Eckrich et al. (2016): 295.
[108] Vgl. Schirrmacher (2009): 47-48.
[109] Vgl. Walther/de Jong (2009): 5.

Arzt-Patienten-Beziehung konform sind.[110] Technologien der Telemedizin sollten demnach nicht als Ersatz für medizinisches Fachpersonal verstanden werden, sondern als Instrument zur Verbesserung der bestehenden Abläufe im Rahmen der Gesundheitsversorgung.[111] Der persönliche Kontakt und die soziale Komponente zwischen Arzt und Patient sollten nicht entfallen, da diese, wie in Abschnitt 3.2 gezeigt wurde, von Seiten der Patienten nach wie vor gewünscht sind und als wichtige Aspekte der Arzt-Patienten-Beziehung aufgefasst werden müssen.

3.3.3 Überforderung

Ein Zuviel an Autonomie in Entscheidungssituation kann dazu führen, dass sich Patienten alleingelassen fühlen. Patienten möchten häufig nicht alleine die Verantwortung für Entscheidungen tragen.[112] Im Rahmen vieler Studien werden Bedenken bezüglich einer möglichen Überforderung der Patienten durch die größere Selbstbestimmung geäußert.[113] So ist es denkbar, dass durch die neue Rolle der Patienten die Ärzte eine veränderte Erwartungshaltung bezüglich der Aufgabenverteilung im Rahmen der Arzt-Patienten-Beziehung entwickeln. Ein höheres Maß an Selbstverantwortung von den Patienten könnte per se erwartet und eingefordert werden, selbst wenn diese das nicht in diesem Umfang wünschen.[114]

Zwar möchten Patienten, wie in Abschnitt 3.2 ausgeführt, zumeist eine aktivere Rolle und Mitentscheidung im Rahmen der medizinischen Versorgung, jedoch variiert das Ausmaß des Partizipations- und Autonomiewunsches. Studien haben gezeigt, dass dieses Ausmaß des Wunsches nach Partizipation von verschiedenen Faktoren abhängt.[115] Cullati et al. (2011) konnten zeigen, dass der Wunsch nach Autonomie unter anderem durch Variablen wie Geschlecht, Alter, Bildung und dem Gesundheitszustand beeinflusst wird. Entsprechend wird geschlussfolgert, dass von Seiten der medizinischen Leistungserbringer regelmäßig evaluiert werden sollte, inwieweit der individuelle Patient tatsächlich Autonomie wünscht.[116]

---

[110] Vgl. Obermann/Müller/Woerns (2015): 16.
[111] Vgl. Fischer/Krämer/Aust (2016): 14-15.
[112] Vgl. Elwyn/Edwards/Rhydderch (2005): 4.
[113] Vgl. Eckrich et al. (2016): 295.
[114] Vgl. Eckrich et al. (2016): 306.
[115] Vgl. Cullati et al. (2011): 134.
[116] Vgl. Cullati et al. (2011): 135-137.

Neben einer individuellen Anpassung der Patientenpartizipation ist es ebenfalls von Bedeutung, dass Patienten von Seiten der medizinischen Leistungserbringer zu einem Mehr an Autonomie befähigt werden.[117] Hierzu bedarf es einer Bildung der Patienten, insbesondere da nicht alle Patienten vertraut sind mit den mit der Digitalisierung einhergehenden Möglichkeiten.[118] Diese Problematik ergibt sich insbesondere bei älteren Patienten. Ältere Menschen nutzen verglichen mit jüngeren Generationen erheblich weniger das Medium Internet. So lag im Jahr 2016 die Internetnutzung der über 70-Jährigen bei lediglich 36 Prozent.[119] Entsprechend konnten Rosis/Barsanti (2016) in ihrer Studie zeigen, dass ältere Menschen weniger im Internet nach gesundheitsbezogenen Informationen suchen als jüngere.[120] Ältere Patienten nutzen nach wie vor nahezu ausschließlich den Arzt als Informationsquelle.[121] Es besteht die Gefahr, dass bestimmte gesellschaftliche Gruppen teilweise aus der Gesundheitsversorgung ausgeschlossen werden, sofern die Nutzung digitaler Technologien obligatorisch und von Seiten der medizinischen Leistungserbringer erwartet wird. Verstärkt wird die Problematik dadurch, dass insbesondere technikunerfahrene Patienten der Nutzung neuer Technologien häufig mit Misstrauen begegnen. Entscheidend wird demzufolge auch sein, Patienten im Umgang mit Technologien, beispielsweise der Telemedizin, ausreichend zu schulen und im Umgang damit vertraut zu machen.[122] Auch auf Seiten der medizinischen Leistungserbringer muss eine Weiterbildung im Umgang mit den Technologien erfolgen.[123]

3.3.4 Informations- und Angebotsselektion

Informationen zu medizinischen Themen sind jederzeit und überall verfügbar. Eine sich hieraus ergebende Herausforderung ist es, die qualitativ hochwertigen und korrekten von den unbrauchbaren Informationen zu trennen und die Patienten beim Finden der relevanten Informationen zu unterstützen.[124] In der Vielzahl der online

---

[117] Vgl. deBronkart (2014): 3.
[118] Vgl. Engelen (2014): 89.
[119] Vgl. Initiative D21 (2016): 8.
[120] Vgl. Rosis/Barsanti (2016): 1288.
[121] Vgl. Janßen (2010): 131.
[122] Vgl. Budych et al. (2013): 22.
[123] Vgl. Mühlhauser/Meyer/Steckelberg (2010): 416.
[124] Vgl. Müller (2010): 163-164.

verfügbaren Informationen finden sich auch einseitige oder falsche Informationen. Gründe hierfür können beispielsweise kommerzielle Interessen des Herausgebers der entsprechenden Informationen, beispielsweise im Rahmen von Sponsoring oder eigener Verkaufsabsicht, sein.[125] Die Motivation zum zur Verfügung stellen von Informationen ist demzufolge abhängig vom jeweiligen Anbieter der Informationen und unterscheidet sich oftmals erheblich.[126] Entsprechend ist es wichtig, die Angebote zu fördern, die von allen beteiligten Akteuren anerkannt werden.[127]

Bis heute stehen Patienten die gewünschten Informationen von offizieller Seite der medizinischen Leistungserbringer häufig nicht zur Verfügung. Strukturen zur Bereitstellung evidenzbasierter Informationen sind in Deutschland bislang kaum vorhanden.[128] Hieraus ergibt sich eine zusätzliche Problematik: Wird von Seiten der medizinischen Leistungserbringer nicht auf den steigenden Bedarf nach Informationen reagiert, ist es möglich, dass Online-Informationsanbieter zunehmend die Deutungshoheit für medizinische Informationen innehaben.[129] Begünstigt wird dies dadurch, dass eine generelle Unzufriedenheit mit dem Gesundheitssystem die Suche nach medizinischen Informationen online begünstigt. Das wiederum kann zu einer Abnahme des Vertrauens von Seiten der Patienten in das Gesundheitssystem als Informationsquelle sowie einer zunehmenden Entfremdung des Patienten vom Gesundheitssystem führen.[130]

Wichtig ist demnach, dass das Informations- und Transparenzbedürfnis der Patienten von Seiten der medizinischen Leistungserbringer aufgegriffen wird.[131] In den USA kann beispielhaft das Blue Button Projekt angeführt werden. Hierbei handelt es sich um eine Initiative, die es Patienten ermöglicht ihre bei verschiedenen Institutionen hinterlegten medizinischen Daten abzurufen.[132] In Deutschland kann die Elektronische Patientenakte genannt werden, die es Patienten ermöglichen soll, ihre medizinischen Daten online einsehen und verwalten zu können.[133] Entscheidend

---

[125] Vgl. deBronkart (2014): 59.
[126] Vgl. Scheuer (2017): 313.
[127] Vgl. Engelen (2014): 68.
[128] Vgl. Mühlhauser/Meyer/Steckelberg (2010): 414.
[129] Vgl. Rademacher/Remus (2010): 56.
[130] Vgl. Rosis/Barsanti (2016): 1289.
[131] Vgl. Rademacher/Remus (2010) 58.
[132] Vgl. Mohsen/Aziz (2014): 1.
[133] Vgl. Eckrich et al. (2016): 307.

wird jedoch auch sein, dass Ärzte ihre neue Rolle als Berater (vgl. Abschnitt 3.1) annehmen und Patienten bei der Suche und Bewertung von Informationen unterstützen.[134] Wie bereits in Abschnitt 3.2 ausgeführt, ist hierfür jedoch zuvorderst eine starke Beziehung zwischen Arzt und Patient nötig, damit Patienten die online gefundenen Informationen auch tatsächlich mit ihrem Arzt teilen.[135]

Auch bei der Selektion sinnvoller Anwendungen und Apps ergeben sich Herausforderungen. So hat die Bundesärztekammer darauf hingewiesen, dass inzwischen hunderttausende Health-Apps verfügbar sind und die Zahl stetig zunimmt. Gleichzeitig seien jedoch nur wenige davon tatsächlich als Medizinprodukt zertifiziert.[136] Für medizinische Leistungserbringer existieren außerdem nahezu keine Handlungsempfehlungen, die App-Empfehlungen für Patienten berücksichtigen.[137] Für Patienten ergibt sich damit die Herausforderung, aus der Vielzahl an Apps ein vertrauenswürdiges und passendes Angebot auszuwählen. Einen möglichen Lösungsansatz stellen hierbei offizielle Orientierungshilfen von Seiten der medizinischen Leistungserbringer, beispielsweise in Form von Qualitäts- oder Gütesiegeln, dar.[138] So hat kürzlich der Berufsverband Deutscher Psychologinnen und Psychologen ein Qualitätssiegel für psychologische Online-Beratung eingeführt.[139]

3.3.5 Herausforderungen durch den Einsatz von MDSS

Die zunehmende Verbreitung und Nutzung von MDSS erfordert, dass sich die medizinischen Leistungserbringer auf die Systeme verlassen können. Sie müssen die bereitgestellten Informationen im Rahmen der Behandlung ad hoc bewerten und einschätzen, ob sie in den jeweiligen Situationen von Nutzen sind oder nicht, ohne tiefergehendes Wissen über Ursprung und Zustandekommen dieser zu haben.[140] Die dem Entscheidungsfindungsprozess des MDSS zugrundeliegenden Daten müssen demnach in hohem Maße zuverlässig, aktuell und akkurat sein.[141] Weiterhin

---

[134] Vgl. deBronkart (2014): 28.
[135] Vgl. Rosis/Barsasnti (2016): 1288-1289.
[136] Vgl. Bundesärztekammer (2017): 2.
[137] Vgl. Albrecht (2016): 34.
[138] Vgl. Albrecht (2016): 32.
[139] Vgl. Berufsverband Deutscher Psychologinnen und Psychologen (2017): o. S.
[140] Vgl. Baecker (2007): 17-18.
[141] Vgl. Woosley et al. (2016): 163.

müssen Ärzte die von den MDSS gegebenen Empfehlungen für eine Behandlung auch tatsächlich miteinbeziehen. So zeigte sich bei älteren Systemen, dass ausgegebene Fehlermeldungen häufig ignoriert wurden.[142] Wichtig für die Entwicklung aktueller Systeme ist somit die Fokussierung auf Aspekte, die Einfluss darauf haben, ob die Systeme tatsächlich genutzt werden. Im Rahmen von Studien wurden hier unter anderem als relevante Faktoren der zeitliche Mehraufwand durch die Nutzung der Systeme und die Einbettung in bestehende Arbeitsabläufe identifiziert.[143]

Weiterhin besteht das Risiko, dass es durch den fortschreitenden Einsatz intelligenter Systeme zu einem Verlust der Therapiefreiheit und medizinischen Deutungsmacht auf Seiten des Arztes kommt.[144] Der Interpretationsrahmen für medizinische Leistungserbringer wird durch den Einsatz von MDSS unflexibler.[145] Der Soziologe Baecker (2008) führt dazu aus, dass auf Seiten des Arztes der Zwang entsteht, auf die von den Systemen ausgegebenen Ergebnisse einzugehen.[146] Demzufolge ist es denkbar, dass eine glaubwürdige Diagnose für den Patient von Seiten des medizinischen Leistungserbringers nur dann vertreten werden kann, wenn diese auch transparent und durch ein computergestütztes System abgesichert ist.[147] Dementsprechend ist es wichtig, dass MDSS nicht als Ersatz für den Arzt oder dessen Entscheidungskompetenz verstanden werden. Vielmehr sollten sie, wie in Abschnitt 3.1 dargelegt, als unterstützende Systeme analog eines Autopiloten in die bestehenden Abläufe und Prozesse integriert werden und die medizinischen Leistungserbringer dann unterstützen, wenn es notwendig ist.

4 Fazit

In der vorliegenden Arbeit wurde gezeigt, dass sich durch die Digitalisierung im Gesundheitswesen die Rollen von sowohl Arzt als auch Patient grundlegend wandeln und es damit einhergehend zu einer Transformation der Arzt-Patienten-Bezie-

---

[142] Vgl. Woosley et al. (2016): 163.
[143] Vgl. Kaplan (2001): 23-28.
[144] Vgl. Koch/Kray (2010): 149.
[145] Vgl. Scheuer (2017): 316.
[146] Vgl. ORF (2008): o. S.
[147] Vgl. Koch (2010): 27.

hung kommt. Die durch eine Informationsasymmetrie zugunsten des Arztes geprägte klare Trennung der Rollen in Laie und professionellem Leistungserbringer nimmt ab. Die Rolle des Patienten entwickelt sich weg von einem passiven Leistungsempfänger hin zu einem aktiven, informierten und in die Entscheidungsprozesse eingebunden Teil seiner medizinischen Versorgung. Es ergibt sich ein Mehr an Autonomie sowie eine Entwicklung hin zu einem klassischen Kundenmodell. Der Arzt ist nicht mehr alleiniger Entscheider, sondern auf Basis höchstmöglicher Evidenz und unterstützt von modernen Systemen Berater und soziale Komponente der medizinischen Betreuung der Patienten.

Wie gezeigt wurde, kommt es im Rahmen der Digitalisierung im Gesundheitswesen nicht zu einer Substitution klassischer Angebote, jedoch verändert sich die Beziehung zwischen Arzt und Patient. Diese entwickelt sich mehr und mehr zu einem partnerschaftlichen Modell mit Fokus auf Autonomie der Patienten. Hierbei spielt insbesondere das Konzept des *Shared Decision Making* eine bedeutsame Rolle, welches durch die Entwicklungen der Digitalisierung begünstigt wird. Die den Patienten zur Verfügung stehenden Informationen beeinflussen ihr Auftreten und Verhalten im Rahmen der Arzt-Patienten-Beziehung, was direkten Einfluss auf die Behandlung sowie deren Ergebnisse hat. Gleichzeitig wird durch die Digitalisierung die Souveränität der Patienten gegenüber der medizinischen Leistungserbringer gestärkt, die sich vermehrt patienten- und serviceorientiert ausrichten müssen. Durch die beschriebenen Wandlungen ergeben sich Potenziale und Chancen, wie eine Erhöhung der Behandlungssicherheit, stärkere Evidenzorientierung der Behandlung, eine verbesserte Zusammenarbeit und Kommunikation zwischen Arzt und Patient und höhere Patientenzufriedenheit im Rahmen der Arzt-Patienten-Beziehung.

Es wurden weiter Herausforderungen in den Bereichen Akzeptanz, Entpersonalisierung, Überforderung, Informations- und Angebotsselektion sowie MDSS identifiziert. Darüber hinaus ergeben sich weitere Fragestellungen, die nicht in direktem Zusammenhang zu der Arzt-Patienten-Beziehung stehen und die einer eigenen Betrachtung erfordern. Hierzu zählen komplexe Herausforderungen bezüglich des Datenschutzes sowie darüber hinaus gehender rechtlicher Aspekte, wie Haftungsfragen beim Einsatz von MDSS.[148] Auch Fragen bezüglich der Finanzierung sowie der Kostenübernahme durch Krankenkassen sind teilweise noch unbeantwortet.[149]

Inwieweit die positiven Aspekte der Digitalisierung im Gesundheitswesen überwiegen werden oder ob es zu einer Störung der Arzt-Patienten-Beziehung kommt, lässt sich aufgrund mangelnder Erfahrungswerte noch nicht abschließend beurteilen. Entscheidend wird sein, wie die sich ergebenden Herausforderungen gelöst werden können. Hier bedarf es weitergehender empirischer Studien, wenn die Digitalisierung und die damit verbundenen Veränderungen in den Alltag der Gesundheitsversorgung Einzug gehalten haben.

---

[148] Vgl. u. a. Fischer/Krämer/Aust (2016): 17; Scheuer (2017): 311; Eckrich et al. (2016): 302.
[149] Vgl. u. a. Engelen (2014): 81; 89; Obermann/Müller/Woerns (2015): 46.

5 Literaturverzeichnis

ALBRECHT, Urs-Vito (Hrsg.) (2016): Chancen und Risiken von Gesundheits-Apps (CHARISMHA). Hannover: Medizinische Hochschule Hannover.

ALBRECHT, Urs-Vito (2016): Kurzfassung. In: ALBRECHT, Urs-Vito (Hrsg.) (2016): Chancen und Risiken von Gesundheits-Apps (CHARISMHA). Hannover: Medizinische Hochschule Hannover: 14-47.

ANDREASSEN, Hege K./BUJNOWSKA-FEDAK, Maria M./CHRONAKI, Catherine E./DU-MITRU, Roxana C./PUDULE, Iveta/SANTANA, Silvina/VOSS, Henning/WYNN, Rolf (2007): European citizens' use of E-health services: A study of seven countries. In: BMC Public Health, 7: 53-59

ARZ DE FALCO, Andrea (2007): Arzt-Patienten-Beziehung im Wandel der Zeit: der schwierige Umgang mit dem Mehr an Entscheidungsfreiheit. In: AUSFELD-HAFTER, Brigitte (Hrsg.): Medizin und Macht. Bern et al.: Lang: 151-160.

AUSFELD-HAFTER, Brigitte (Hrsg.) (2007): Medizin und Macht. Bern et al.: Lang.

BELLIGER, Andréa (2014): Vernetzte Gesundheit. In: BELLIGER, Andréa/KRIEGER, David J. (Hrsg.): Gesundheit 2.0. Bielefeld: Transcript-Verlag: 97-136.

BELLIGER, Andréa/KRIEGER, David J. (Hrsg.) (2014): Gesundheit 2.0. Bielefeld: Transcript-Verlag.

BERUFSVERBAND DEUTSCHER PSYCHOLOGINNEN UND PSYCHOLOGEN (2017): BDP verabschiedet Gütesiegel für psychologische Gesundheitsangebote im Internet. URL: http://www.bdp-verband.org/bdp/presse/2017/03_guetesiegel.html, Abruf am 01.07.2017.

BRAGA, Andrea Vincenzo (2017): Die telemedizinische Konsultation. In: PFANNSTIEL, Mario A./DA-CRUZ, Patrick/MEHLICH, Harald (Hrsg.): Digitale Transformation von Dienstleistungen im Gesundheitswesen I. Wiesbaden: Springer Gabler: 93-108.

BUDYCH, Karolina/CARIUS-DÜSSEL, Christine/SCHULTZ, Carsten/HELMS, Thomas M. (2013): Telemedizin. Stuttgart: Kohlhammer.

BUNDESÄRZTEKAMMER (2015): Telemedizinische Methoden in der Patientenversorgung – Begriffliche Verortung. URL: http://www.bundesaerztekamm

er.de/fileadmin/user_upload/downloads/pdf-Ordner/Telemedizin_Telematik/ Telemedizin/Telemedizinische_Methoden_in_der_Patientenversorgung_ Begriffliche_Verortung.pdf, Abruf am 01.07.2017.

BUNDESÄRZTEKAMMER (2017): Digitalisierung geht nicht mehr weg. URL: http://www.bundesaerztekammer.de/fileadmin/user_upload/downloads/pdf-Ordner/BAEKground/BAEKground_Spezial_Digitalisierung.pdf, Abruf: am 01.07.2017.

BUNDESMINISTERIUM FÜR GESUNDHEIT (2017): Das E-Health-Gesetz. URL: https://www.bundesgesundheitsministerium.de/themen/krankenversicherung/ e-health-gesetz/e-health.html, Abruf am 01.07.2017.

BUNDESMINISTERIUM FÜR GESUNDHEIT UND FRAUEN (2016): Telemedizin. URL: https://www.bmgf.gv.at/home/Schwerpunkte/E_Health_Elga/Telemedizin/, Abruf am 01.07.2017.

BITKOM (2016): Fitnesstracker und Datenschutz. URL: https://www.bitkom. org/Presse/Anhaenge-an-PIs/2016/Bitkom-Charts-PK-Safer-Internet-Day-E-Tracker-und-Datenschutz-09-02-2016-final.pdf, Abruf am 01.07.2017.

COSGROVE, Delos M./FISHER, Michael/GABOW, Patricia/GOTTLIEB, Gary/HALVOR-SON, George C./JAMES, Brent C./KAPLAN, Gary S./PERLIN, Jonathan B./PETZEL, Robert/STEELE, Glenn D./TOUSSAINT, John S. (2013): Ten Strategies To Lower Costs, Improve Quality, And Engage Patients: The View From Leading Health System CEOs. In: Health Affairs, 3: 321-327.

CULLATI, Stephane/COURVOISIER, Delphine S./CHARVET-BERARD, Agathe I./PERNEGER, Thomas V. (2011): Desire for autonomy in health care decisions: A general population survey. In: Patient Education and Counseling, 83: 134-138.

DEBRONKART, Dave (2014): Lasst Patienten mithelfen. In: BELLIGER, Andréa/KRIE-GER, David J. (Hrsg.): Gesundheit 2.0. Bielefeld: Transcript-Verlag: 17-66.

DIERKS, Marie-Luise/SEIDEL, Gabriele (2005): Gleichberechtigte Beziehungsgestal-tung zwischen Ärzten und Patienten - wollen Patienten wirklich Partner sein?, In: HÄRTER, Martin/LOH, Andreas/SIES, Claudia (Hrsg.): Gemeinsam entschei-den - erfolgreich behandeln. Köln: Deutscher Ärzteverlag: 35-44.

DUFFY, F. Daniel/GORDON, Geoffrey H./WHELAN, Gerald/COLE-KELLY, Kathy/FRANKEL, Richard/BUFFONE, Natalie/LOFTON, Stephanie/WALLACE, Maryanne/GOODE, Leslie/LANGDON, Lynn (2004): Assessing competence in communication and interpersonal skills: the Kalamazoo II report. In: Academic Medicine: Journal of the Association of American Medical Colleges, 79: 495-507.

ECKRICH, Felicitas/BAUDENDISTEL, Ines/OSE, Dominik/WINKLER, Eva (2016): Einfluss einer elektronischen Patientenakte (EPA) auf das Arzt-Patienten-Verhältnis: eine systematische Übersicht der medizinethischen Implikationen. In: Ethik in der Medizin, 28: 295-310.

E-HEALTH-COM (2017): 6. EPatient Survey 2017 zeigt: Health Apps weiter auf dem Vormarsch, ersetzen aber nicht den Arzt. URL: http://e-health-com.de/details-news/6-epatient-survey-2017-zeigt-health-apps-weiter-auf-dem-vormarsch-ersetzen-aber-nicht-den-arzt/21ebadd89fa9bc6ccfc0e3aa861f4c43/, Abruf am 01.07.2017.

EL-KAREH, Robert/HASAN, Omar/SCHIF, Gordon D. (2013): Use of health information technology to reduce diagnostic errors. In: BMJ Quality & Safety, 22: 40-51.

ELWYN, Glyn/EDWARDS, Adrian/ RHYDDERCH, Melody (2005): Shared Decision Making: das Konzept und seine Anwendung in der klinischen Praxis, in: HÄRTER, Martin/LOH, Andreas/SPIES, Claudia (Hrsg.): Gemeinsam entscheiden - erfolgreich behandeln. Köln: Deutscher Ärzteverlag: 3-12.

ELWYN, Glyn/LAITNER, Steven/COULTER, Angela/WALKER, Emma/WATSON, Paul/ THOMSON, Richard (2010): Implementing shared decision making in the NHS. In: BMJ, 341: c5146.

ENGELEN, Lucien (2014): Health 2.0 Update. In: BELLIGER, Andréa/KRIEGER, David J. (Hrsg.): Gesundheit 2.0. Bielefeld: Transcript-Verlag: 67-96.

ENKIN, Murray/JADAD, Alejandro/OH, Hans/RIZO, Carlos (2005): What is eHealth (3): a systematic review of published definitions. In: Journal of Medical Internet Research, 7 (1): e1.

FISCHER, Florian/AUST, Violetta/KRÄMER, Alexander (2016): eHealth: Hintergrund und Begriffsbestimmung. In: FISCHER, Florian/KRÄMER, Alexander (Hrsg.): eHealth in Deutschland. Berlin, Heidelberg: Springer-Verlag: 3-23.

FISCHER, Florian/KRÄMER, Alexander (Hrsg.) (2016): eHealth in Deutschland. Berlin, Heidelberg: Springer-Verlag.

FJORD (2016): FJORD TRENDS 2016. URL: http://presseservice.pressrelations.de/material/docs/107748_20162958472222222.pdf, Aufruf am 01.07.2017.

GELLNER, Willner (Hrsg.) (2008): Neue Patienten - neue Ärzte? Ärztliches Selbstverständnis und Arzt-Patienten-Beziehung im Wandel. Baden-Baden: Nomos.

HÄCKL, Dennis (2010): Neue Technologien im Gesundheitswesen. Wiesbaden: Springer Gabler.

HÄRTER, Martin/LOH, Andreas/SIES, Claudia (Hrsg.) (2005): Gemeinsam entscheiden - erfolgreich behandeln. Köln: Deutscher Ärzteverlag.

HAY, M. Cameron/STRATHMANN, Cynthia/LIEBER, Eli/WICK, Kimberly/GIESSER, Barbara (2008): Why Patients Go Online: Multiple Sclerosis, the Internet, and Physician-Patient Communication. In: The Neurologist, 14: 374-381.

HIBBARD, Judith H./GREENE, Jessica (2013): What The Evidence Shows About Patient Activation: Better Health Outcomes And Care Experiences; Fewer Data On Costs. In: Health Affairs, 32: 207-214.

INITIATIVE D21 (2016): 2016 D21-Digital-Index. URL: http://initiatived21.de/app/uploads/2017/01/studie-d21-digital-index-2016.pdf, Abruf am 01.07.2017

KAPLAN, Bonnie (2001): Evaluating informatics applications - Clinical decision support systems literature review. In: International Journal of Medical Informatics, 64: 15-37.

KAWAMOTO, Kensaku/HOULIHAN, Caitlin A./BALAS, Andrew/LOBACH, David F. (2006): Improving clinical practice using clinical decision support systems. In: Clinical Governance: An International Journal, 11 (2): o.S.

KOCH, Christoph (Hrsg.) (2010): Achtung: Patient online!. Wiesbaden: Gabler Verlag.

KOFAHL, Christopher/HORAK, Ingo (2010): Arztbewertungsportale. In: KOCH, Christoph (Hrsg.): Achtung: Patient online!. Wiesbaden: Gabler Verlag: 105-126.

MAKARY, Martin A./DANIEL, Michael (2016): Medical error - the third leading cause of death in the US. In: BMJ, 353: o.S.

MAKOVSKY HEALTH (2015): Fifth Annual „Pulse of Online Health" Survey 2015. URL: http://www.makovsky.com/news/fifth-annual-pulse-of-online-health-survey-2/, Abruf am 01.07.2017.

MANARY, Matthew P./BOULDING, William/STAELIN, Richard/GLICKMAN, Seth W. (2013): The Patient Experience and Health Outcomes. In: The New England Journal of Medicine, 368: 201-203.

MOHSEN, Mona Omar/AZIZ, Hassan A. (2015): The Blue Button Project: Engaging Patients in Healthcare by a Click of a Button. In: Perspectives in Health Information Management, 12: 1-7.

MÜHLHAUSER, Ingrid/MEYER, Gabriele/STECKELBERG, Anke (2010): Patienten wollen mitentscheiden, doch Informationsbasis und Strukturen fehlen. In: Zeitschrift für Allgemeinmedizin, 86: 412-417.

MÜLLER, Hardy (2010): Stellenwert von Patienteninformation und -kommunikation im Versorgungsmanagement der gesetzlichen Krankenversicherung. In: KOCH, Christoph (Hrsg.): Achtung: Patient online!. Wiesbaden: Gabler Verlag: 163-218.

OBERMANN, Konrad/MÜLLER, Peter/WOERNS, Stefanie (2015): Ärzte im Zukunftsmarkt Gesundheit 2015: Die eHealth-Studie. URL: https://www.stiftung-gesundheit.de/pdf/studien/Aerzte_im_Zukunftsmarkt_Gesundheit-2015_eHealth-Studie.pdf, Abruf am 01.07.2017.

ORF (2008): Studien zur nächsten Gesellschaft - Gespräch mit Dirk Baecker. URL: http://oe1.orf.at/artikel/212.60, Abruf am 01.07.2017.

OSHIMA LEE, Emily/EMANUEL, Ezekiel J. (2013): Shared Decision Making to Improve Care and Reduce Costs. In: The New England Journal of Medicine, 368: 6-8.

PFANNSTIEL, Mario A./DA-CRUZ, Patrick/MEHLICH, Harald (Hrsg.) (2017): Digitale Transformation von Dienstleistungen im Gesundheitswesen I. Wiesbaden: Springer Gabler.

RADEMACHER, Lars/REMUS, Nadine (2010): Kommunikationsmanagement im Gesundheitswesen. In: KOCH, Christoph (Hrsg.): Achtung: Patient online!. Wiesbaden: Gabler Verlag: 41-61.

RIGGENBACH, *Björn* (2007): Achtung, Freiheit und Macht in der Arzt-Patienten-Beziehung. In: AUSFELD-HAFTER, Brigitte (Hrsg.): Medizin und Macht. Bern et al.: Lang: 131-150.

ROSIS, *Sabina de/*BARSANTI, *Sara* (2016): Patient satisfaction, e-health and the evolution of the patient–general practitioner relationship: Evidence from an Italian survey. In: Health Policy, 120: 1279-1292.

SCHACHINGER, *Alexander* (2014): Der digitale Patient. Baden-Baden: Nomos.

SCHEIBLER, *Fülöp/*JANßEN, *Christian/*PFAFF, *Holger* (2003): Shared decision making: Ein Überblicksartikel über die internationale Forschungsliteratur. In: Sozial- und Präventivmedizin, 48: 11-23.

SCHEUER, *Eberhard* (2017): Wie Medical-Decision Support-Systeme die Arzt-Patient-Beziehung verändern - Digitalisierung von Informationen führt zu einer erhöhten Autonomie des Patienten. In: PFANNSTIEL, Mario A./DA-CRUZ, Patrick/MEHLICH, Harald (Hrsg.): Digitale Transformation von Dienstleistungen im Gesundheitswesen I. Wiesbaden: Springer Gabler: 311-321.

SCHIRRMACHER, *Frank* (2009): Payback. München: Blessing.

SCHMÖLLNER, *Michael* (2008): Neue Patienten - Neue Ärzte? Selbst- und Rollenverständnis niedergelassener Ärzte in Deutschland. In: GELLNER, Willner (Hrsg.): Neue Patienten - neue Ärzte? Ärztliches Selbstverständnis und Arzt-Patienten-Beziehung im Wandel. Baden-Baden: Nomos: 15 -59.

SHORTLIFFE, *Edward H.* (1987): Computer Programs to Support Clinical Decision. In: JAMA, 258: 61-66.

SHORTLIFFE, *Edward H.* (1994): Dehumanization of Patient-Care – Are Computers the Problem or the Solution. In: Journal of American Medical Information Associaton, 1: 76-78.

STATISTISCHES BUNDESAMT (2016): 40 Millionen Menschen in Deutschland informieren sich im Internet über Gesundheitsthemen. URL: https://www.destatis.de/DE/PresseService/Presse/Pressemitteilungen/zdw/2016/PD16_14_p002 pdf.pdf;jsessionid=E31F91D916D632A80A7DF1E91DF1004A.cae1?__blob =publicationFile, Abruf am 01.07.2017.

TECHNIKER KRANKENKASSE (2015): Forum Versorgung | Digitale Gesundheit, Presse-konferenz am 17. Juni 2015 in Berlin. URL: https://www.tk.de/centaurus/servlet/contentblob/723952/Datei/4145/TK-Pressemappe-Digitale-Gesundheit -Praesentation-Klaus-Rupp.pdf, Abruf am 01.07.2017.

VAN DE BELT, Tom H/ENGELEN, Lucien/BERBEN, Sivera A. A./SCHOONHOVEN, Lisette (2010): Definition of Health 2.0 and Medicine 2.0: a systematic review. In: Journal of Medical Internet research, 12 (2): e18.

WABER, Rebecca L./SHIV, Baba/CARMON, Ziv/ARIELY, Dan (2008): Commercial fea-tures of placebo and therapeutic efficacy. In: JAMA, 29: 1016-1017.

WALTHER, Joerg/DE JONG, Claudia (2009): Technology for More Effective Healthcare. In: IEEE MultiMedia, 16 (4): 5-7.

WILM, Stefan/BROCKMANN, Silke/SPANNAUS-SAKIC, Christa/ALTINER, Attila/HEMMING, Bernd/ABHOLZ, Heinz-Harald (2008): Machen Hausärzte Unterschiede, wenn sie mit Kopfschmerzpatienten umgehen? Eine Querschnittsstudie mit ängstlich oder neutral gespielten standardisierten Patienten. In: Zeitschrift für Allgemein-medizin, 84: 273-279.

WOOSLEY, Raymond L./WHYTE, John/MOHAMADI, Ali/ROMERO, Klaus (2016): Medical Decision Support Systems and Therapeutics: The Role of Autopilots. In: Clin-ical Pharmacology and Therapeutics, 99: 161-164.